ESTIRAMIENTOS Y TÉCNICAS DE RELAJACIÓN

Los ejercicios de estiramientos y técnicas de relajación que se describen en esta obra son excelentes para recuperar la flexibilidad corporal y evitar el deterioro de músculos y articulaciones. Con ellos se previenen los dolores de espalda, se retrasa la vejez y se mejora el rendimiento en diferentes deportes. Se trata de ejercicios sencillos, aptos para cualquier edad, que se realizan dentro de las posibilidades de cada persona y sin afán de competición

María Consolación Berdomás Pérez
María del Carmen Añón Cruz
Irene Bouzas Parada
Diego Diéguez Sánchez
Juan Andrés Vilar Rey
Francisco Ferreiro Blanco
María García Lueiro
Carmen Mª Lojo Abeijón
Carlos Alberto Sixto Solar
Rafael Vilar Seoane

ISBN 978-1-84799-488-2

Índice

INTRODUCCIÓN

Hoy en día la práctica de estiramientos comprende una parte importante en el entrenamiento deportivo, tanto en el calentamiento previo a un entrenamiento intenso, como en la recuperación después del mismo. Los estiramientos producen considerables beneficios en el organismo del deportista, ayudando a este a prevenir lesiones, a ganar eficacia en su rendimiento, a recuperar antes de la secuela de un entrenamiento intenso y a lograr una mejor rehabilitación en aquellos deportistas que ya han sufrido lesiones.

A nivel articular los estiramientos estimulan la producción de líquido sinovial. Este líquido protege del desgaste al cartílago articular, facilitando la lubricación de los huesos de la articulación y evitando que ésta pierda elasticidad y se convierta en una articulación imperfecta y rígida.

Los músculos y tendones de nuestro cuerpo son los más beneficiados de la práctica de estiramientos. El estiramiento es la forma más sencilla de relajar el cuerpo y devolver elasticidad a los músculos y tendones que muchas veces se encuentran acortados debido al sobreesfuerzo al que se somete el deportista. Los estiramientos son una forma excelente de preparación del aparato locomotor para el esfuerzo muscular, mejoran la capacidad del movimiento al aumentar la elasticidad muscular y son un recurso para aliviar la fatiga producida por el sobreentrenamiento.

Ahora bien, para que todos estos efectos se produzcan es preciso conocer la técnica correcta para la práctica de estiramientos. Es frecuente observar en muchos deportistas como hacen "rebotes", o se estiran hasta sentir dolor, o realizan movimientos bruscos, sin conocer que realmente están dañando su cuerpo, más que beneficiarlo. Y es más, muchos deportistas piensan que no es preciso estirar, tienen prisa por salir a entrenar, o no tienen tiempo suficiente para realizarlos. Deben saber que el calentamiento y en especial los estiramientos proporcionan al aparato locomotor el estado óptimo para la práctica deportiva, aumentando considerablemente el rendimiento deportivo.

El estiramiento debe ser logrado lentamente, de forma gradual, y mantenido en el tiempo. Para aumentar la flexibilidad es preciso mantenerlo durante 6 a 10 segundos. Los ejercicios deben de realizarse durante unos 10 o 15 minutos. Es preciso estirar ambos lados del cuerpo, realizando mayor hincapié en aquellos músculos que vayan a participar de forma activa en la práctica deportiva. Para aumentar la elasticidad es preciso trabajar estiramientos 3 o 4 veces por semana. Un error que también se comete con frecuencia es que durante la realización del estiramiento retienen la respiración o respiran más rápido. Hay que respirar libremente, ni con rapidez, ni reteniendo el aliento.

Actualmente millones de personas están descubriendo los beneficios del movimiento. Por todas partes hay gente andando, corriendo, jugando al tenis o a frontón, montando en bicicleta o nadando. ¿Qué pretenden? ¿A qué se debe este interés creciente por mantenerse en buenas condiciones físicas?

Este comprobado que las personas activas tienen una vida más completa: presentan mayor vigor y resistencia a las enfermedades, se conservan en mejor forma y no pierden la línea. Estas personas tienen más confianza en sí mismas, menor tendencia a la depresión, e incluso en edades avanzadas suelen continuar trabajando con energía en nuevos proyectos.

En los últimos años, la investigación médica ha demostrado que el estado de salud está relacionado directamente con la actividad física que se desarrolla. Este hecho y un mayor conocimiento de cómo cuidar la salud están cambiando los estilos de vida. Es entusiasmo actual por el movimiento no es un capricho. Nos damos cuenta de que la única forma de prevenir los trastornos debidos a la inactividad es permaneciendo activos, y no un mes o un año, sino durante toda la vida.

Nuestros antepasados no tenían problemas derivados de la vida sedentaria, pues debían trabajar duramente para sobrevivir. Se mantenían fuertes y saludables a causa de su trabajo continuo y vigoroso al aire libre: cortando árboles, cavando, labrando, sembrando, cazando y con las demás actividades cotidianas. Con la llegada de la revolución industrial, las máquinas empezaron a hacer el trabajo del hombre conforme éste disminuyó su actividad, empezó a perder su fuerza y con ella el movimiento natural instintivo.

Ciertamente las máquinas han hecho la vida más fácil, pero al precio de acarrearnos serios problemas. En vez de andar, ahora conducimos; ya no subimos escaleras, pues usamos ascensores; en lugar de desarrollar una actividad continua, pasamos sentados gran parte de nuestras vidas. Sin ejercicio físico diario, nuestros cuerpos se llenan de tensiones contenidas. Al no existir válvulas de escape naturales para esas tensiones, nuestros músculos se debilitan y pierden elasticidad, y así perdemos la consciencia de nuestra naturaleza física y de las energías vitales.

En la actualidad esta situación está cambiando. La década de los setenta enseñó la importancia de llevar una vida saludable. Ahora sabemos que es posible prevenir la enfermedad y controlar la salud. Ya no nos conformamos con sentarnos y vegetar: nos movemos y descubrimos el goce de una vida activa y saludable a cualquier edad.

La capacidad de recuperación del cuerpo es fenomenal. Por ejemplo, un cirujano hace una incisión, elimina o corrige el problema y vuelve a cerrar, pero es el cuerpo el que se recupera. La naturaleza acaba el trabajo del cirujano. Todos tenemos esa capacidad, aparentemente milagrosa, de recuperar la salud, lo mismo después de una intervención quirúrgica que para recuperar una pobre condición física debida a la falta de actividad o a una dieta desequilibrada.

¿Qué relación tienen los ejercicios de estiramiento con todo esto? Son el puente entre la vida sedentaria y la activa, gracias a ellos se mantienen los músculos flexibles y se les prepara para el movimiento, ayudándoles a hacer el cambio diario de la inactividad a la actividad vigorosa sin esfuerzo violento. Son especialmente importantes si se corre, se monta en bicicleta, se juega al tenis o se practican otros ejercicios energéticos, ya que la mayoría de los deportes producen tirantez e inflexibilidad. Este tipo de ejercicios, hechos antes y después del trabajo, ayudan a mantenerse flexible y a evitar lesiones comunes, como torceduras e inflamaciones del tendón de Aquiles debida a correr, y molestias en los hombros y en los codos por jugar a tenis.

Debido al gran número de personas que hacen ejercicio actualmente, es muy importante una adecuada información. Estos estiramientos son fáciles, pero si no se hacen correctamente pueden lastimar más que favorecer. Por ello, es esencial conocer las técnicas apropiadas.

Cuando el estiramiento es correcto, la sensación es agradable. No se trata de batir marcas, de hacer más cada día, ni de un campeonato personal para probar hasta donde se llega. Los ejercicios de estiramientos deben adaptarse a la estructura muscular, flexibilidad y grados de tensión de cada uno. La clave de su éxito radica en la moderación y la regularidad. El objetivo es reducir la tensión muscular y lograr un movimiento más libre, sin perseguir una flexibilidad extrema que acabe lastimando.

¿Quién debe estirar los músculos?

Todos podemos aprender a estirarnos, independientemente de la edad o flexibilidad que tengamos. No es preciso tener una excelente condición física ni grandes cualidades atléticas. Las técnicas que se aplican son las mismas si uno se pasa el día sentado delante de un escritorio, cavando zanjas, haciendo tareas del hogar, de pie en una línea de ensamblaje, conduciendo un camión o practica algún deporte son regularidad. Los métodos son suaves, lentos y adaptables a la tensión muscular y a la flexibilidad de cada cual. Por lo tanto, si se tiene buena salud y se carece de problemas físicos específicos, se puede aprovechar para estirar los músculos con seguridad.

¿Cuándo hacer el estiramiento?

Es estiramiento puede realizarse en cualquier momento: en el trabajo, en el coche, esperando el autobús, andando por la calle, bajo la sombra de un árbol o en la playa. Nos estiramos antes y después de una actividad física, pero también siempre que podamos durante el día.

¿Por qué hacerlo?

Para eliminar la tensión del cuerpo y de la mente, el estiramiento debe ser componente de la vida diaria. Con este tipo de estiramiento regular conseguiremos:

- ✧ Reducir la tensión muscular y relajar el cuerpo.
- ✧ Mejorar la coordinación de movimientos, que serán más libres y fáciles.
- ✧ Aumentar la posibilidad de movimiento.
- ✧ Prevenir daños, como la tirantez muscular.
- ✧ Facilitar las actividades explosivas como correr, esquinar, jugar al tenis, nadar o montar en bicicleta. Es una forma de preparar los músculos para ser usados.
- ✧ Mejorar el conocimiento del cuerpo. Preparando las diferentes partes, te fijas y pones en contacto con ellas, conociéndote cada vez mejor.
- ✧ Liberar el control del cuerpo por la mente, de manera que aquél se mueva por su propio bien en vez de hacerlo por espíritu competitivo o vanidad.
- ✧ Mejorar y agilizar la circulación.
- ✧ Una sensación agradable.

¿Cómo estirarse?

Es fácil aprender estos ejercicios de estiramiento, pero hay que hacerlos correctamente. La manera adecuada es con una tensión relajada y mantenida, poniendo atención en los músculos que se están estirando. La forma incorrecta (desgraciadamente habitual en muchas personas) es saltando o estirando un músculo hasta sentir dolor, pudiendo causar más lesiones que mejora.

El estiramiento fácil

Cuando se empieza a estirar un músculo, hay que sostener este primer esfuerzo entre 10 y 30 segundos. Nunca estiraremos bruscamente. Se mantendrá hasta que se sienta una tensión suave, relajándonos mientras sostenemos dicha tensión. Se debe sentir cómo disminuye la tensión aunque aguantemos la misma postura. Si no es así, disminuiremos un poco hasta lograr un grado de tensión agradable. Este primer esfuerzo reduce la tirantez muscular y prepara los tejidos para el segundo ejercicio: el estiramiento evolucionado.

El estiramiento evolucionado

Tras el primer ejercicio aumentaremos la tensión paulatinamente, aunque sin brusquedad. El incremento será de dos o tres centímetros, hasta que otra vez sintamos una tensión suave; mantendremos esta posición entre 10 y 30 segundos. La tensión, otra vez, deberá disminuir. Si no es así, nos relajaremos y poco. Este segundo paso tonifica los músculos y aumenta la flexibilidad.

Respiración

La respiración debe ser lenta, rítmica y controlada. Si se está doblado hacia delante para estirar un músculo, se espirará mientras se hace este movimiento y después, durante el estiramiento, respiraremos despacio. No se debe cortar la respiración mientras se mantiene la tensión del músculo. Si esta posición impide respirar con naturalidad es que no se está relajado. Entonces, disminuiremos la tensión un poco, hasta que se pueda respirar con naturalidad.

Tiempo

Al principio se cuenta en silencio los segundos de cada estiramiento. Esto asegura que el estiramiento apropiado se mantiene durante el tiempo necesario. En poco tiempo se conseguirá calcular el tiempo oportuno sin necesidad de contar.

El reflejo de estiramiento

Los músculos están protegidos por un mecanismo llamado reflejo de estiramiento. Cada vez que se produce un estiramiento excesivo de las fibras musculares (por un movimiento brusco o forzado) aparece un reflejo nervioso que hace que los músculos se contraigan. Es un mecanismo de defensa de los músculos para evitar una lesión. Por ello, si forzamos demasiado al realizar estos ejercicios de estiramiento, el efecto es el contrario al que pretendíamos (algo similar ocurre cuando tocamos accidentalmente un objeto que está caliente: antes de tener tiempo para pensar en ello, nuestro cuerpo se aleja rápidamente del calor).

Si mantenemos una tensión más tiempo del necesario o rebotamos bruscamente se tensan los músculos, activando el reflejo de estiramiento. Estos métodos causan dolor y lesiones físicas a causa de los desgarros microscópicos que producen en las fibras musculares. Los desgarros y cicatrices en los tejidos ocasionan una pérdida gradual de elasticidad, reduciendo los músculos. ¿Cómo se pueden disfrutar los ejercicios diarios de estiramiento cuando se usan métodos que lastiman?

Muchos de nosotros estamos condicionados por la idea que se nos inculcó en la adolescencia de que “no hay benéfico sin dolor”. Asociamos el dolor con la mejora de nuestra condición física, pero nos engañamos. Los ejercicios de estiramiento cuando se hacen correctamente no son dolorosos. Debemos aprender cómo se expresa nuestro cuerpo, pues el dolor es un signo de que hacemos algo mal.

EJERCICIOS DE ESTIRAMIENTOS ABDOMINALES

	Tumbado boca abajo con el cuerpo extendido. Apoyar las palmas de las manos en el suelo, extender los brazos arqueando la espalda. Contraer los glúteos a la vez que se arquea la espalda para proteger la región lumbar.
	Arrodillado en el suelo, con las puntas de los pies dirigidas hacia atrás. Arquear la espalda y coger los pies por los tobillos.Empujar la cadera hacia delante.
	De pie con las piernas separadas. Apoyar las palmas de las manos en la región lumbar. Deslizar las manos hacia abajo, arqueando la espalda y dirigiendo la cabeza hacia atrás.

	Tumbado boca abajo, flexionar ambas rodillas. Coger los tobillos. Elevar el tronco y las rodillas del suelo.

EJERCICIOS DE ESTIRAMIENTOS ADUCTORES

	Sentado en el suelo. Flexionar las rodillas y juntar los pies manteniendo las plantas unidas. Coger los pies y dirigirlos hacia los muslos lo máximo posible. Colocar los codos sobre las rodillas y empujar las piernas hacia el suelo.
	Tumbado boca arriba. Flexionar ambas piernas y unirlas por la planta del pie. Dirigir los pies hacia las nalgas. Separar las rodillas dirigiéndolas hacia el suelo (mantener las plantas de los pies unidas).

	Sentado en el suelo. Las piernas abiertas lo máximo posible y estiradas. Elevar un brazo y dejar caer el otro. Inclinar el tronco hacia el lado contrario del brazo elevado.
	Sentado en el suelo. Las piernas abiertas tanto como sea posible y estiradas. Inclinar el tronco hacia una de las piernas tanto como sea posible, dirigiendo los brazos hacia el pie.
	En posición de pie, realizar una sentadilla. Empujar con los codos las piernas hacia fuera.

	De rodillas en el suelo. Rodillas separadas. Apoyar los codos en el suelo. Y bajar el tronco hacia el suelo.
	De pie, con las manos en la cintura y las piernas separadas. Dirigir la punta del pie de una pierna hacia fuera. Inclinar el cuerpo hacia la otra pierna.

EJERCICIOS DE ESTIRAMIENTOS CADERAS Y GLÚTEOS

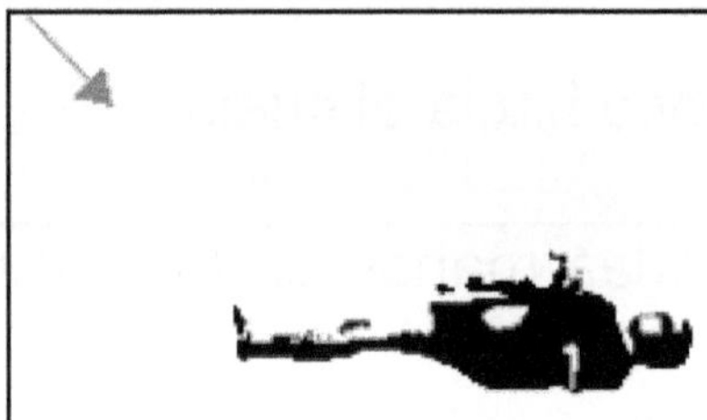	Tumbado boca arriba. Flexionar una pierna y agarrarla un poco más debajo de la rodilla. Empujar la rodilla hacia el pecho.
	De pie. Flexionar una rodilla y bajar el cuerpo hasta que la rodilla de la otra pierna toque el suelo. Extender el pie retrasado de tal forma que el empeine toque el suelo. Empujar la cadera de la pierna retrasada hacia el suelo.

	Tumbado boca arriba. Flexionar una pierna y cruzarla por encima de la otra pierna. Empujar la rodilla de la pierna flexionada hacia el suelo.
	Tumbado boca arriba, flexionar una pierna y engancharla con la otra. La pierna flexionada nos sirve para empujar la otra pierna hacia dentro en dirección al suelo.
	Tumbado boca arriba, cruzar una pierna sobre la otra. Flexionar la otra pierna hacia el pecho, empujando el pie de la pierna cruzada hacia la cara.

	Tumbado boca arriba con las piernas flexionadas y los brazos apoyados en el suelo, en cruz. Bajar ambas rodillas hacia el mismo lado en dirección al suelo.
	Sentado en el suelo. Una pierna cruza la otra que esta estirada, apoyando el talón en el suelo lo más cerca de la cadera posible. Girar el tronco hacia el lado de la pierna que cruza, empujando la pierna con el codo.
	Tumbado boca arriba. Flexionar una pierna y agarrarla por la rodilla con la mano del mismo lado, y por el tobillo con la mano del lado contrario. Tirar del tobillo hacia el hombro opuesto.

	Sentado con las piernas estiradas. Flexionar una pierna y agarrarla con la mano del mismo lado, y por el tobillo con la mano del lado contrario. Tirar del tobillo hacia el hombro opuesto.
	De lado separado de una pared. Apoyar una mano sobre la pared. Manteniendo las piernas estiradas, arquear el cuerpo dirigiendo las caderas hacia la pared.
	Tumbado de lado con ambas piernas estiradas. Apoyarse con el brazo que queda debajo sobre el suelo, a la altura del hombro. Cargar el peso en el brazo.

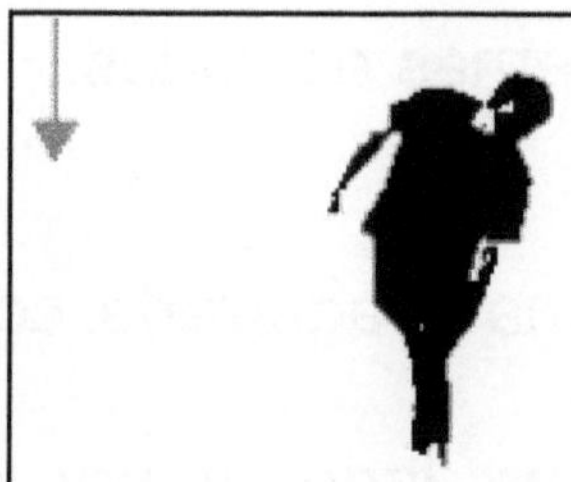	De pie, con una pierna cruzada por delante de la otra. Inclinar el tronco hacia el lado de la pierna que queda delante.
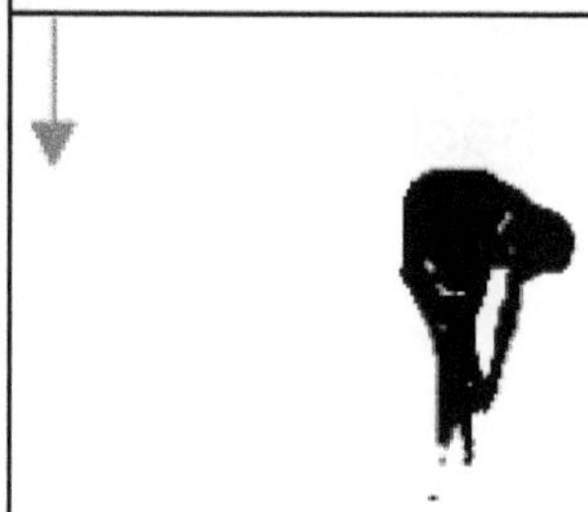	De pie, cruzar una pierna por delante de la otra. Flexionar el tronco hacia el lado de la pierna que cruza lo máximo posible, tratando de tocar el tobillo de la pierna que queda retrasada.

EJERCICIOS DE ESTIRAMIENTOS CERVICALES

	Tumbado boca arriba, flexionar las piernas y apoyar los pies planos en el suelo. Entrelazar las manos por detrás de la cabeza. Tirar de la cabeza, dirigiendo la barbilla hacia el pecho. La espalda no pierde el contacto con el suelo.
	De pie entrelazar las manos por detrás de la cabeza. Tirar de la cabeza dirigiendo la barbilla hacia el pecho.

	Sentado en una silla, dejar caer un brazo a lo largo del cuerpo (no subir el hombro de este brazo durante el estiramiento). Coger la cabeza con la otra mano y tirar de ella.
	De pie, colocar un brazo por detrás de la espalda y cogerlo con la otra mano a la altura del codo. Inclinar la cabeza en dirección al hombro del lado contrario.
	De pie o sentado, girar la cabeza hacia un lado, sin girar el tronco. Intentar tocar el hombro con la barbilla.

EJERCICIOS DE ESTIRAMIENTOS EXTENSORES DE LA MUÑECA

	De pie, con los brazos estirados. Poner en contacto los dorsos de las manos. Separar los dorsos de las manos, manteniendo unidas las muñecas.
	A cuatro patas, con los brazos extendidos. Apoyarse con los dorsos de las manos en el suelo, mirando hacia las rodillas. Inclinar el cuerpo hacia atrás.
	Levantar ambos brazos por encima de la cabeza. Coger una mano por el dorso y flexionarla hacia abajo.

EJERCICIOS DE ESTIRAMIENTOS FLEXORES DE LA MUÑECA

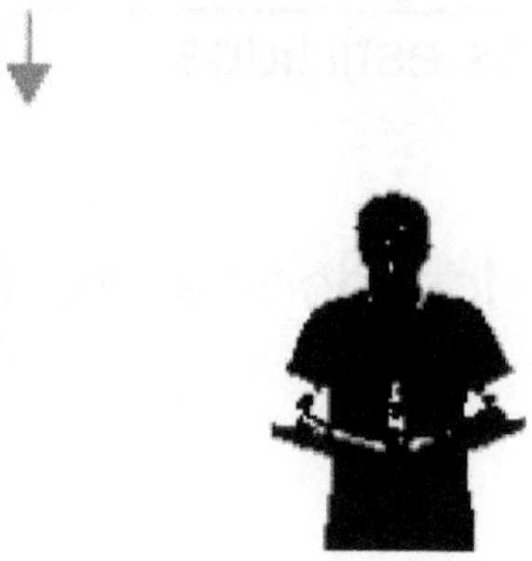	De pie, se apoyan las palmas de las manos una contra otra, los dedos mirando hacia arriba. Bajar las manos en dirección al suelo tanto como sea posible, manteniendo unidas las palmas de las manos.
	De pie, se apoyan las palmas de las manos una contra otra, los dedos mirando hacia el suelo. Subir las manos en dirección a la cara tanto como sea posible, manteniendo unidas las palmas de las manos.
	De pie, se apoyan las palmas de las manos una contra otra, con los dedos mirando hacia adelante. Dirigir las manos hacia el pecho tanto como sea posible, manteniendo unidas las palmas de las manos.

	De pie de cara a la pared. Flexionar ambos brazos con las palmas de las manos mirando hacia arriba. Intentar apoyarse en la pared con las palmas de las manos. No flexionar los codos.
	De pie, estirar los brazos hacia delante y entrelazar los dedos de las manos. Estirar los codos tanto como sea posible.
	Sentado en el suelo. Apoyarse en el suelo con las manos. Las manos miran hacia atrás. Dirigir las manos hacia delante, sin perder contacto con el suelo.

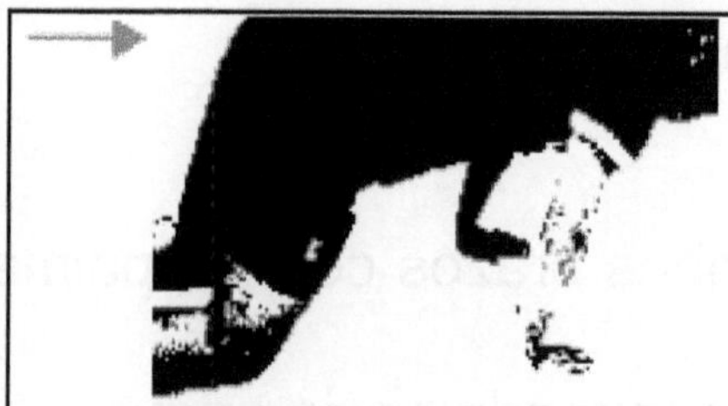	En el suelo a cuatro patas. Apoyarse con las palmas de las manos, con los dedos mirando al frente. Inclinar el tronco hacia delante sin levantar las palmas del suelo.
	En el suelo a cuatro patas. Apoyarse con las palmas de las manos, con los dedos mirando atrás. Inclinar el tronco hacia atrás sin levantar las palmas del suelo
	Apoyar la palma de una mano sobre los dedos de la otra y empujar para llevarla en extensión.
	Levantar ambos brazos por encima de la cabeza. Coger una mano con la otra por la parte de la palma, y tirar hacia abajo.

	Levantar los brazos por encima de la cabeza. Cruzar los dedos de las manos con las palmas dirigidas hacia arriba. Empujar de las palmas hacia arriba, extendiendo los codos lo máximo posible.

EJERCICIOS DE ESTIRAMIENTOS HOMBROS

	En posición de fondos de brazos. Separar los brazos lo máximo posible. Dirigir el pecho hacia el suelo sin llegar a apoyar.
	Apoyarse con ambas manos sobre una silla. Deslizar las piernas hacia delante manteniéndolas estiradas. Empezar con los brazos extendidos y flexionarlos poco a poco, dirigiendo las nalgas hacia el suelo.
	De pie con las piernas juntas, coger un palo con ambos brazos. Elevar los brazos sobre la cabeza, ambos a la misma altura, y dirigirlos lo más atrás posible

	De pie, con un brazo elevado a la altura del hombro. Coger este brazo a la altura del codo con la otra mano, y tirar de él hacia atrás...
	De pie, colocar un brazo por detrás de la espalda Cogerlo con la otra mano a la altura del codo y tirar de él.
	De pie, extender ambos brazos por encima de la cabeza y entrelazar las manos. Tirar de los brazos hacia arriba.
	De pie, flexionar un brazo y colocarlo por detrás de la cabeza. Con la otra mano coger el codo y empujarlo hacia abajo.

	Flexionar un brazo y colocarlo por detrás de la cabeza, agarrando una toalla. Colocar el otro brazo detrás de la espalda a nivel de la región lumbar tan alto como sea posible y agarrar la toalla. Tirar de la toalla hacia abajo.
	De pie, elevar un brazo por encima de la cabeza. Colocar el otro brazo detrás de la espalda tan alto como sea posible. Intentar entrelazar los dedos.
	De pie, cruzar las manos por detrás de la espalda. Flexionar el tronco hacia delante, levantando los brazos al mismo tiempo.

EJERCICIOS DE ESTIRAMIENTOS ISQUIOTIBIALES

	Sentado en el suelo. Una pierna completamente estirada y la otra flexionada. Inclinar el tronco dirigiendo las manos hacia el pie de la pierna estirada. (Mantener la espalda recta)
	Tumbado boca arriba. Una pierna estirada y la otra flexionada apoyando el talón en el suelo. Elevar la pierna estirada. Cogerla a la altura de la rodilla con ambas manos y tirar de ella hacia la cara.
	Tumbado boca arriba. Una pierna estirada y la otra flexionada... Pasar una toalla por el pie de la pierna estirada y elevarla. Tirar de la toalla dirigiendo la pierna hacia la cara.

	Sentado en el suelo. Ambas piernas estiradas. Flexionar el tronco hacia delante, dirigiendo las manos hacia los pies... Mantener ambas piernas estiradas
	Sentado en el suelo, con las piernas separadas y estiradas. Inclinar el tronco hacia delante sin arquear la espalda. Intentar tocar el suelo con el tronco.
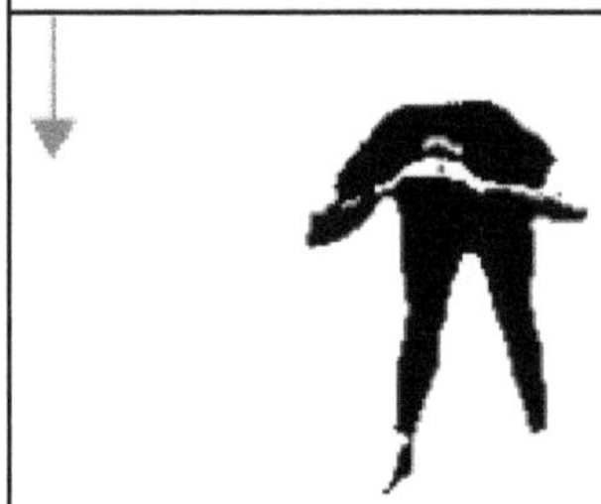	De pie con el cuerpo pegado a la pared. Pasar las manos por detrás del cuello. Flexionar el tronco hacia el suelo, manteniendo la espalda recta.

	De pie con los pies juntos y las piernas estiradas. Flexionar el tronco hacia delante y tocar los dedos de los pies con las manos, manteniendo las piernas estiradas. Flexionar ambas rodillas y flexionar más el tronco.

EJERCICIOS DE ESTIRAMIENTOS LATERALES

	Sentado en el suelo con las piernas cruzadas. Manos en la nuca. Inclinar el tronco hacia un lado, dirigiendo el codo hacia la rodilla.
	Sentado en el suelo con las piernas abiertas. Manos en la nuca. Inclinar el tronco hacia un lado intentando tocar el suelo con el codo.
	Sentado en el suelo con las piernas abiertas. Colocar los brazos por detrás de las caderas apoyándose en el suelo con las palmas de las manos. Levantar un brazo e inclinar el cuerpo hacia el lado contrario.

	De pie con los pies ligeramente separados. Levantar los brazos sobre la cabeza y cogerse las manos. Dirigir las manos hacia un lado inclinado el tronco.

EJERCICIOS DE ESTIRAMIENTOS PARTE POSTERIOR DE LA RODILLA

	Sentado en el suelo, con una pierna flexionada y la otra completamente estirada. Flexionar el tronco para coger el pie de la pierna estirada. Llevar el pie en flexión para aumentar la tensión.
	Sentado en el suelo, con una pierna completamente estirada. La otra flexionada hacia adentro hasta que la planta del pie contacte con el muslo de la pierna estirada. Inclinar el tronco hacia delante sin arquear la espalda y coger el pie de la pierna estirada. (Para aumentar la tensión, tirar del pie hacia el tronco manteniendo la pierna completamente estirada).

	Sentado en el suelo. Una rodilla flexionada, apoyando el pie en la rodilla de la otra pierna. La otra pierna estirada. Pasar una toalla por el pie de la pierna estirada. Estirar de la toalla hacia el tronco, manteniendo la pierna completamente estirada.
	Tumbado boca arriba. Flexionar una pierna hacia el pecho y pasar una toalla por el pie. Mantener la pierna estirada completamente y tirar los dedos del pie hacia arriba, estirando el pie.

	De pie con los brazos apoyados en la pared a nivel de los antebrazos. Una pierna estirada y la otra flexionada y adelantada. Mantener cabeza, tronco, pelvis y pierna estirada en línea recta. Flexionar los brazos hacia la pared, y contraer el cuádriceps de la pierna retrasada.
	De pie, cruzar una pierna por delante de la otra. Manos en la nuca. Descender el tronco hacia el suelo, manteniendo las piernas estiradas y la espalda recta.
	Sentado en el suelo, con ambas piernas estiradas. Pasar una toalla por ambos pies. Tirar de la toalla hacia el cuerpo.

	De pie con los brazos apoyados en la pared a la altura de los antebrazos. Ambas piernas estiradas con los pies a la altura de los hombros y dirigidos hacia dentro. Inclinar el cuerpo hacia delante flexionando los brazos, y contraer el cuádriceps manteniendo las piernas estiradas.
	De pie, con las piernas estiradas. Flexionar el tronco y dirigir los brazos hacia los pies. Para aumentar la tensión del estiramiento coger los pies con las manos y tirar hacia arriba.

EJERCICIOS DE ESTIRAMIENTOS PECTORALES

	De pie frente a una esquina, flexionar un brazo y apoyarlo en la pared. El codo debe estar a la altura del hombro. Inclinar el cuerpo hacia delante sin que el brazo pierda contacto con la pared. (Se puede hacer con los dos brazos a la vez, apoyándose en los marcos de una puerta abierta).

	De pie frente a una esquina, flexionar un brazo y apoyarlo en la pared. El codo debe quedar por debajo del hombro. Inclinar el cuerpo hacia delante sin que el brazo pierda contacto con la pared. (Se puede hacer con los dos brazos a la vez, apoyándose en los marcos de una puerta abierta).
	De pie frente a una esquina, flexionar un brazo y apoyarlo en la pared. El codo debe quedar por encima del hombro. Inclinar el cuerpo hacia delante sin que el brazo pierda contacto con la pared. (Se puede hacer con los dos brazos a la vez, apoyándose en los marcos de una puerta abierta).

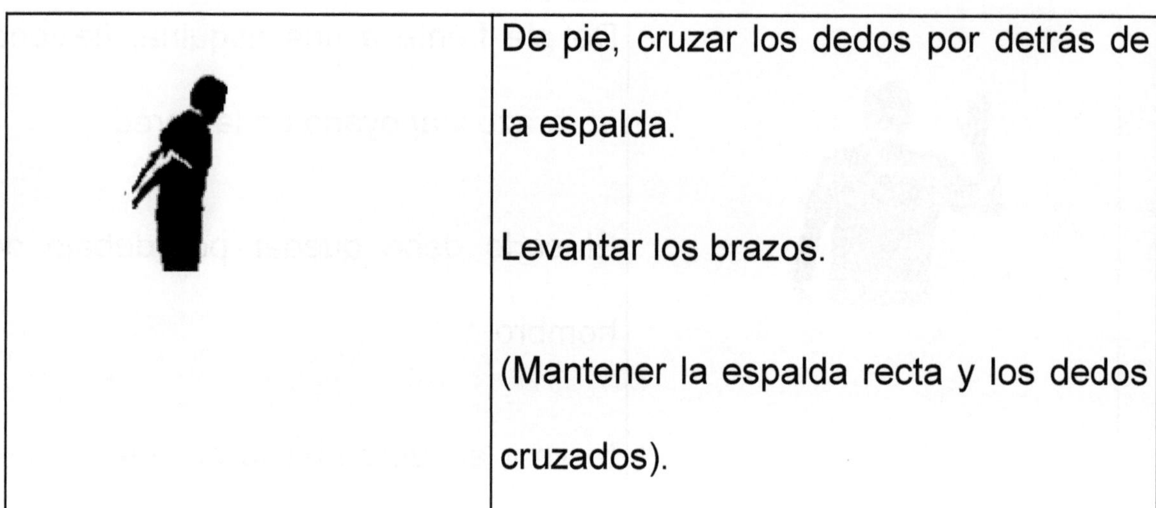	De pie, cruzar los dedos por detrás de la espalda. Levantar los brazos. (Mantener la espalda recta y los dedos cruzados).

EJERCICIOS DE ESTIRAMIENTOS PERONEOS, GEMELOS E ISQUIOTIBIALES

PERONEOS

Sentado en el suelo con una pierna flexionada apoyando el talón en la parte interna del muslo de la otra pierna. La otra pierna estirada.

Inclinar el tronco hacia delante para coger el pie de la pierna estirada y llevarlo en inversión (empujar el pie hacia dentro).

GEMELOS E ISQUIOTIBIALES

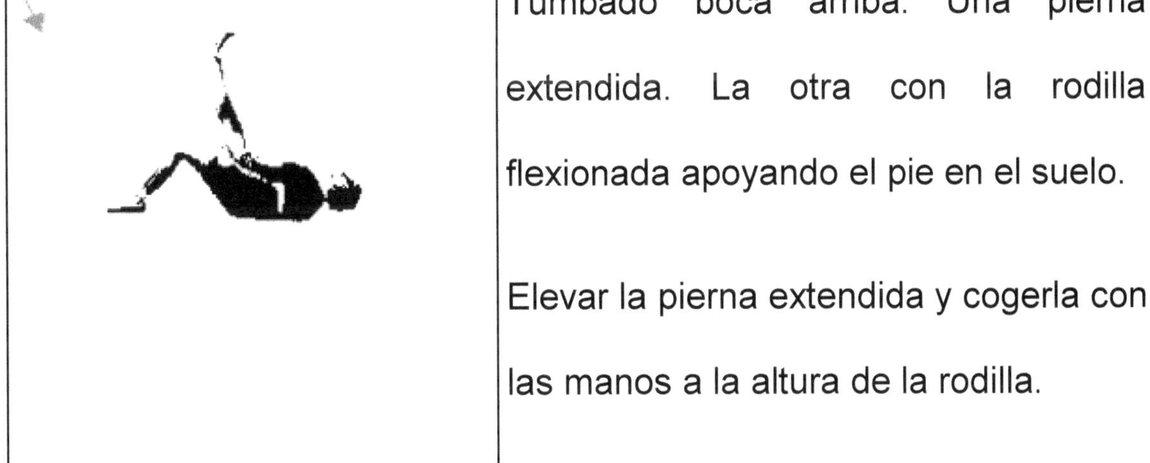	Tumbado boca arriba. Una pierna extendida. La otra con la rodilla flexionada apoyando el pie en el suelo. Elevar la pierna extendida y cogerla con las manos a la altura de la rodilla. Flexionar el pie en dirección al cuerpo...

	Arrodillado, adelantar un pie y apoyarlo completamente plano en el suelo. A continuación flexionar la rodilla dirigiéndola hacia los dedos del pie.
	En posición de a cuatro patas, con una pierna completamente estirada, y la otra ligeramente flexionada. Empujar lentamente el talón de la pierna estirada .hacia el suelo. (Para aumentar la tensión, estirar completamente ambas piernas y empujar ambos talones hacia el suelo).

	Apoyado contra una pared sobre los antebrazos. Una pierna estirada y la otra flexionada adelantada y apoyada en el suelo. Flexionar los brazos, manteniendo los pies apoyados en el suelo, inclinándose hacia la pared.
	Apoyado contra una pared sobre los antebrazos. Una pierna estirada y la otra flexionada adelantada y apoyada en el suelo. El talón de la pierna estirada ligeramente elevado. Flexionar los brazos inclinándose hacia la pared y empujar el talón de la pierna estirada hacia el suelo

	Apoyado contra una pared sobre los antebrazos. Cabeza, tronco y piernas en línea recta. Ambas piernas estiradas. Flexionar los brazos, manteniendo los pies apoyados en el suelo, inclinándose hacia la pared.
	Apoyado contra una pared sobre los antebrazos. Cabeza, tronco y piernas en línea recta. Ambas piernas estiradas con los talones ligeramente elevados. Flexionar los brazos inclinándose hacia la pared, y empujar los talones hacia el suelo.

EJERCICIOS DE ESTIRAMIENTOS REGIÓN DORSAL

	De rodillas en el suelo. Inclinar el tronco hacia el suelo a la vez que se extienden los brazos. Apoyarse sobre las manos en el suelo. Alejar las manos del cuerpo.
	De pie con los pies juntos delante de una pared que nos sirva de soporte. Estirar los brazos por encima de la cabeza. Inclinar el tronco hacia delante, manteniendo las piernas y los brazos estirados, y apoyar las manos en la pared. Hacer fuerza con los brazos sobre la pared, arqueando la espalda.

	Sentado en el suelo, con las rodillas flexionadas. Abrazar las piernas. Inclinar el tronco hacia delante y tirar de las piernas hacia el pecho. Los pies no pierden el contacto con el suelo.
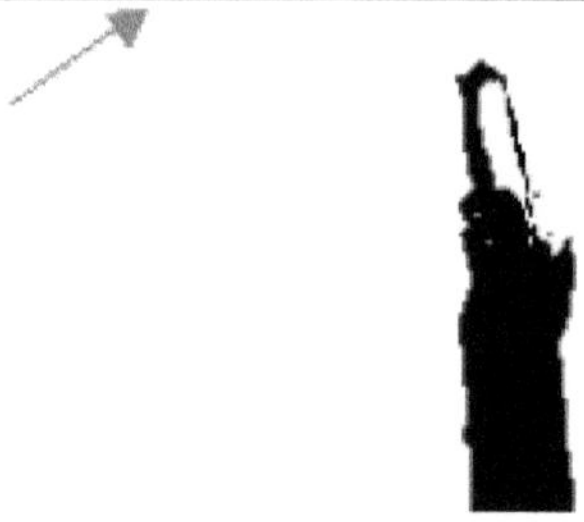	De pie, entrelazar los dedos de las manos. Levantar los brazos por encima de la cabeza, manteniéndolos extendidos. Empujar los brazos hacia detrás y hacia arriba.
	Sentado en el suelo, cruzar las piernas y mantener la espalda recta. Cruzar los brazos para tocar la rodilla contraria con las manos. Empujar los hombros hacia delante, manteniendo la espalda recta.

EJERCICIOS DE ESTIRAMIENTOS REGIÓN LUMBAR

	En posición de a cuatro patas. Contraer las abdominales y arquear la espalda. Relajar las abdominales dejando de arquear la espalda.
	Tumbado boca arriba. Flexionar ambas piernas y agarrarlas por detrás de la rodilla. Empujar las rodillas hacia el pecho.
	De rodillas en el suelo, con las nalgas en contacto con los talones. Flexionar el tronco hacia el suelo y extender ambos brazos. Girar la parte superior del tronco hacia un lado

Técnicas De Relajación Y Respiración

Como buenos occidentales respiramos mal, nadie nos ha enseñado, hacemos lo que podemos con el asunto ese de meter aire y sacar aire. Sin embargo una buena respiración es esencial para lograr y mantener una buena salud, así como unos niveles de energía imposibles de obtener y mantener sin el oxígeno adecuado que nos proporciona una buena calidad respiratoria.

La nariz, ese sostén sin par para gafas de sol y graduadas, no ha sido diseñada por la naturaleza para tal fin, ¡OH sorpresa!, sirve para respirar, previene infecciones, filtra el aire y lo calienta para ser recibido por los pulmones en condiciones de pureza y humedad adecuadas a nuestra fisiología. Ese órgano prominente que llamamos nariz además de librarnos de múltiples patologías respiratorias también resulta ser quien se ocupa del olfato, avisándonos de peligros ante olores que percibimos como desagradables o alegrándonos la vida ante las fragancias más exquisitas.

Es importante respirar, si no lo haces te mueres, tú que lees ahora este fragmento estás respirando....... por tu bien espero que lo hagas, pero..... ¿Lo haces bien?, ¿o simplemente tomas aire como puedes y se va como le place?, podemos perfeccionar nuestra forma de respirar, y como la respiración es un elemento fundamental de la relajación debemos aprender a respirar. En primer lugar debemos aceptar que ello es posible, puedo mejorar mi técnica en la carrera, mi forma de nadar, de andar, de sentarme, puedo mejorar mi forma de hablar......puedo mejorar mi técnica respiratoria, con la ventaja de que todo lo demás lo hará al mismo tiempo como por encanto, la buena respiración es esencial para la vida y lo es para la relajación, respiración y relajación forman prácticamente un todo inseparable por naturaleza.

Respiración completa

Nos interesa especialmente lo que llamamos respiración diafragmática, o respiración profunda, es una respiración completa, en ella el abdomen se eleva y desciende con amplitud y regularidad, llenándose de aire las zonas alta, media y baja de los pulmones. Al tomar aire procuramos dirigirlo hacia la zona más baja de los pulmones, luego a la zona media y después a la superior, el abdomen se eleva pues al entrar en acción el diafragma las vísceras se ven desplazadas hacia abajo, lo que constituye un excelente masaje que realizado a lo largo del día previene del estreñimiento crónico. Tras inhalar mantenemos la respiración unos segundos y espiramos lentamente, relajando el abdomen y el tronco en general.

Ejercicios de relajación con la respiración.

Respiración refrescante.

Puedes hacer este ejercicio en cualquier posición, realiza una respiración completa y mantén cómodamente el aire unos segundos, cuando sientes el deseo de espirar forma un pequeño círculo con los labios y echa el aire con cierta fuerza dejándolo salir poco a poco. Paramos y continuamos hasta expulsar todo el aire de los pulmones.

Es un ejercicio que además de una sensación de relax proporciona una tonificación de la musculatura que interviene en el proceso respiratorio. Se percibe una sensación de frescor y de vigor general.

Relajación respiración completa y visualización

Este ejercicio lo realizamos tumbados sobre una colchoneta, las piernas cómodamente estiradas a lo largo del cuerpo sin tensión alguna, colocamos ambas manos sobre el plexo solar y realizamos en esta posición varias respiraciones completas. A partir de ahora voy a visualizar como el aire que inspiro se encuentra lleno de energía y que esta con cada respiración se acumula en el plexo solar, al tomar aire la energía se acumula, al echar el aire la energía se distribuye como un río que fluye vigoroso y su energía alcanza hasta la última célula del cuerpo. Visualizo este ritmo energético y observo que me vigoriza, realmente me llena de energía y vitalidad.

Hay una gran cantidad de técnicas que usan la respiración como eje en la obtención de una relajación intensa, iremos añadiendo ejercicios y actualizando esta sección de forma permanente.

Las técnicas respiratorias son muy útiles, ya que en muchas ocasiones las personas se resisten a relajarse sin saberlo siquiera, existe una actitud de tensión crónica de los músculos flexores que dobla su cuerpo hacia delante y ni siquiera perciben que esto sucede, o si se dan cuenta no tienen conciencia de que es una tensión involuntaria la que le impide relajar la musculatura. La respiración como el latido forman parte de un ritmo esencial y poderoso, la normalización de la respiración facilita la relajación y el retorno a la experiencia de frescura y vitalidad.

Métodos De Conteo

Dentro de lo que podemos considerar métodos de conteo existen diversas alternativas, por un lado podemos clasificar en métodos dinámicos y estáticos. El conteo dinámico supone la realización de alguna actividad física que requiere movimiento mientras al mismo tiempo el intelecto mantiene su atención en un conteo sistemático que puede ser ascendente, descendente, de números pares, impares, etc., como vemos se pueden establecer innumerables fórmulas de conteo. Veamos un ejemplo:

1.1.1.- Relajación conteo dinámico.

A ser posible realizamos el siguiente ejercicio en un lugar tranquilo, lo ideal en la naturaleza. Vamos a realizar un paseo tranquilo, vamos a caminar como si estuviéramos dando un sencillo paseo, pero con una ligera diferencia: vamos a estar atentos a las sensaciones del entorno y a las sensaciones internas, no es un ejercicio de relajación de aflojar la musculatura sino de observar como el cuerpo cuando se llena de atención se desliza hacia un tono equilibrado, ello conlleva una marcha deslizante que la vuelve ligeramente diferente a un paseo cotidiano. Vamos añadir una particularidad: mientras caminamos vamos a contar de uno a diez, y retrocediendo de diez a uno, lentamente, no necesariamente habremos de contar cada vez que apoyemos un pie o el otro, ya que nos proporcionaría una marcha mecánica que es lo que pretendemos evitar, puede que suceda así, si ocurre puedo observar si es un proceso mecánico o se produce dulcemente y acompaña al ejercicio una sensación de relajación que sorprendentemente no se produce de forma estática sino en movimiento.

Realizaremos el ejercicio al principio durante diez minutos e iremos aumentando la duración hasta los veinte minutos. Recordar que lo haremos siempre en un lugar que carezca de riesgos (no recomendable realizarlo por la ciudad, por ejemplo), y en un entorno lo más grato posible.

1.1.2.- Relajación conteo estático.

Desde una posición cómoda, sentados o tumbados, permaneciendo inmóviles durante el ejercicio, tomamos conciencia de la respiración, de una forma completa, percibimos el aire al entrar, al salir, los movimientos del abdomen, la temperatura del aire, de forma que la respiración llene completamente nuestra conciencia, toda nuestra atención se halla en el proceso de la respiración, a partir de este instante cuento acompañándola. Cuento cuando tomo aire, cuando cesa la inspiración paro de contar, cuando comienzo la espiración vuelvo a contar, no cambio el ritmo respiratorio, no vamos a conseguir una sensación de relajación cambiando mecánicamente el ritmo respiratorio, simplemente comienzo a tomar aire y dejo que aparezca un ritmo de contar propio, sin perder la sensación respiratoria, hay una ligera parada entre inspiración y expiración, mayor o menor no tiene importancia, , y al finalizar la espiración hay también un momento de reposo, antes de volver a inspirar.

Dejo que una respiración tranquila, relajada, suceda y mantengo el ejercicio al comienzo entre cinco y diez minutos, aunque con la condición que ha de ir siempre acompañado de sensaciones gratas, cualquier ejercicio de relajación se abandonará cuando si aparece alguna sensación ingrata.

La vuelta al estado de vigilia la haremos flexionando y extendiendo los brazos, o simplemente abriendo y cerrando los puños de las manos, tomando aire con más intensidad y abriendo los ojos.

Conforme la sensación de relajación se instaure con mayor facilidad y podamos mantenerla con más comodidad iremos prolongando el ejercicio hasta los veinte minutos.

Métodos De Repetición y Métodos De Tensión Previa

MÉTODOS DE REPETICIÓN

Aquí se incluyen el conjunto de técnicas que usan diversas formulas de repetición para inducir un estado de relajación, aunque las más usuales son aquellas que se derivan de los mantras, tipo meditación trascendental y la occidentalización de Benson. Son ejercicios que tienen probada eficacia, y aunque existen modelos clásicos como el ommm... ommm... ommm Hindú, o el uno... uno... uno... de Benson.

Podemos sugerir un ejercicio que reúna características propias, a mi me resulta especialmente útil el: yo soy energía, o simplemente: yo soy. Pero cualquier palabra o frase corta que me ponga en contacto íntimo conmigo será útil, buscaré una frase que me resulte especialmente satisfactoria, la puedo probar y si percibo que me resulta eficaz seguir usándola en caso contrario, puedo intentar alguna de las clásicas.

La repetición se realizará al principio por espacio de cinco a diez minutos, pudiendo ir incrementando la duración del ejercicio hasta media hora, de dos a tres veces al día.

MÉTODOS DE TENSIÓN PREVIA

Incluir Un ejercicio de Jacobson

En estos ejercicios se provoca una contracción previa para lograr al distender una sensación de relajación, existen muchas variaciones, entre ellas la de ir relajando lentamente tras la tensión inicial y observando los diferentes grados de distensión que puedo ir obteniendo a voluntad. Nos remitimos a los ejercicios de Jacobson como ejemplo de esta categoría.

Técnica De Benson

Estudia la Meditación trascendental y le dedica una serie de profundos y completos estudios fisiológicos, en cierta forma demuestra experimentalmente su eficacia, aunque va más allá de lo que quizás los adeptos a la M.T. desearían. Tras sus estudios plantea que los resultados obtenidos con este tipo de meditación no se deben al tipo específico de mantra, sino que prácticamente cualquier palabra repetida de forma continua y monótona tendría los mismos resultados. De hecho propone repetir cualquier palabra y sugiere "uno" como un sonido entre otros que tendría la misma eficacia que la M.T.

Al no encontrarse un resultado que marque claramente la diferencia en las mediciones fisiológicas, ni que determine que un sonido tenga más eficacia que otro podemos concluir en que el efecto de relajación no lo produce el sonido sino la repetición monótona de cualquier palabra; bien es cierto que si esa palabra forma parte de la tradición religiosa o cultural del alumno, es más probable que evoque sensaciones de calma y relajación.

Ejercicio de Benson:

a.- En primer lugar colocarse en una postura cómoda.

b.- Comenzar practicando en un lugar tranquilo en el que no se prevean interrupciones. Más adelante podrá hacerse paseando, sentado en el autobús o en condiciones similares.

c.- Elección de una palabra y repetición incesante de la misma, con un ritmo que habremos de encontrar por nosotros mismos, en voz no muy alta. Más adelante podremos repetirla como en un susurro, y posteriormente repetirla sin efectuar sonido alguno.

d.- Actitud pasiva frente al ejercicio, es como si el ejercicio se hiciera solo, dejo que suceda por sí mismo, que el sonido resuene en el interior, y observo con atención.

e.- La duración oscilará entre 5 y 20 minutos, siempre sin llegar a tener una sensación de cansancio ni aburrimiento, ni cualquier otra impresión que no sea placentera.

Con toda seguridad Benson desarrolla un ejercicio completamente nuevo sin proponérselo, aunque teniendo como modelo la Meditación Trascendental. Lo que queremos decir es que obtiene los mismos resultados de la M.T. de una forma simplificada y sin una implicación emocional con una de las tradiciones más antiguas de Oriente. Si se hubiera aplicado a otras tradiciones, o aún a métodos como el Entrenamiento autógeno o la relajación progresiva, bien pudiera haber realizado los mismos estudios y demostrar que con su método o con simplificaciones de los estudiados, se pueden lograr los mismos resultados aunque de una forma mucho más sencilla.

Aunque pareciera que Benson pretende concluir con una desmitificación de la Meditación trascendental, podemos afirmar que lo que hace es probar la unidad intensa de todas las técnicas de relajación o meditación, que aún siendo aplicadas de forma simplificada parecen inducirnos a un especial estado de conciencia a la que la mayor parte de los occidentales serían, en condiciones normales, ajenos.

Técnica De Relajación Articular

Este método concede especial importancia a la gran capacidad sensitiva que poseen las articulaciones de nuestro cuerpo, son las cápsulas articulares con su rica inervación las que nos aportan información de la situación de nuestro cuerpo en el espacio. Aprovechando esta circunstancia se realizarán una serie de ejercicios atendiendo a las percepciones que provienen de los diferentes grupos articulares.

Yo soy movimiento, pensamiento y emoción. La posibilidad de lograr un desarrollo como ser humano habrá de pasar necesariamente o por el desarrollo del movimiento, o del pensamiento o de las emociones; realmente no tengo tantas opciones como pueda parecer, el problema radica en que mis emociones son muy rápidas, me doy cuenta de ellas cuando ya han sucedido, puedo con mucha atención ser consciente de algunas de mis emociones, pero no se apenas como trabajar con ellas. Acerca de mis pensamientos aunque suene extraño la realidad es que pasa algo similar, pero además están muy conectados a las emociones de forma que a veces podemos dudar acerca de si tengo un pensamiento que desata una emoción, o es al contrario, más allá, no es tan extraño la incapacidad de diferenciar entre una emoción y un pensamiento. Nos queda el movimiento y la sensación de inmovilidad, es mucho más de lo que pueda parecer y este método lo demuestra.

Introducción

Comenzaremos la practica tumbados, aunque más adelante podremos realizar los ejercicios sentados, y posteriormente incluso de pie. Los ejercicios irán progresando hasta alcanzar una complejidad mayor, pudiendo integrar movimientos de la vida cotidiana como ejercicios de relajación articular.

Vamos a prestar toda la atención a diversas articulaciones con el objetivo de lograr una relajación muscular, ello producirá una disminución de la tensión a que se ve sometida las estructuras articulares en lasque se engarzan los diversos músculos que actúan sobre ellas, de tal forma que conseguiremos con un ejercicio los siguientes efectos:

- Relajación y disminución mantenida del tono muscular.
- Bajar la carga que sufre la articulación sometida a músculos hipertónicos.
- Toma de conciencia de la articulación liberada.
- Movimiento más equilibrado debido a la disminución de la resistencia para actuar sobre las articulaciones.
- Corrección postural vegetativa, sin pretenderlo a priori, al liberar al conjunto articular de tensiones innecesarias el cuerpo regresa a su actitud natural de forma

espontánea. Desde la primera sesión en que interviene todo el cuerpo puede observarse como se comienzan a corregir las posturas que son sinónimo de tensión: cuello hacia delante, mandíbulas apretadas, hombros hacia arriba, musculatura de la frente tensa, labios apretados, lengua contra el paladar superior, etc.

- Liberación de la respiración, los movimientos respiratorios se ven liberados de la tensión innecesaria y se produce una respiración natural libre de ataduras.

Procedimiento:

Comenzaremos ahora procurando una posición que nos permita permanecer completamente inmóviles, con los ojos cerrados y realizando varias respiraciones completas como introducción a los ejercicios.

1.- Siente las articulaciones de los dedos de las manos. De las muñecas.

2.- Siente las articulaciones de los codos.

3.- Siente las articulaciones de los hombros.

4.- Siente las articulaciones vertebrales cervicales.

5.- Siente las articulaciones vertebrales dorsales.

6.- Siente las articulaciones vertebrales lumbares.

7.- Siente las articulaciones de la cadera.

8.- Siente las articulaciones de las rodillas.

9.- Siente las articulaciones de los tobillos.

10.- Siente las articulaciones de los dedos de los pies.

Finalizaremos prestando atención a la sensación general de cuerpo, tras ello realizaremos dos respiraciones completas, abriremos y cerraremos las manos y abriremos los ojos.

Repetiremos cada instrucción lentamente seis veces, sin ninguna referencia a relaja, ni cualquier otra similar. La instrucción es únicamente: siente, sin ningún proceso sugestivo hacia que se debe sentir. El que aparezcan sensaciones de peso, de relax, de ligereza, son normales y forman parte real de la experiencia individual, más verdadera desde el punto de vista que no se ha sugestionado al alumno acerca de lo que se espera que sienta.

Tras una Semana de realizar el primer ejercicio pasaremos a un segundo ejercicio en que se incluye el movimiento, la instrucción de muevo lentamente la articulación implicará siempre una flexo extensión breve y corta en amplitud, excepto en la columna vertebral que realizaremos una ligera rotación a derecha e izquierda de los segmentos referidos, que en el caso de la columna dorsal y lumbar implicaran una rotación ligera de todos los segmentos desde el cuello a la zona lumbar, aunque la atención se centrará en la zona sobre la que estamos trabajando. Realizaré el movimiento lentamente seis veces.

1.- Siente las articulaciones de los dedos de las manos. De las muñecas. Muevo lentamente las articulaciones.

2.- Siente las articulaciones de los codos. Muevo lentamente las articulaciones.

3.- Siente las articulaciones de los hombros. Muevo lentamente las articulaciones.

4.- Siente las articulaciones vertebrales cervicales. Muevo lentamente las articulaciones.

5.- Siente las articulaciones vertebrales dorsales. Muevo lentamente las articulaciones.

6.- Siente las articulaciones vertebrales lumbares. Muevo lentamente las articulaciones.

7.- Siente las articulaciones de la cadera. Muevo lentamente las articulaciones.

8.- Siente las articulaciones de las rodillas. Muevo lentamente las articulaciones.

9.- Siente las articulaciones de los tobillos. Muevo lentamente las articulaciones.

10.- Siente las articulaciones de los dedos de los pies. Muevo lentamente las articulaciones.

Finalizaremos prestando atención a la sensación general de cuerpo, tras ello realizaremos dos respiraciones completas, abriremos y cerraremos las manos y abriremos los ojos.

Tras estos ejercicios que suponen un toma de conciencia corporal y en si mismos son un excelente medio para obtener los efectos que proporciona una buena relajación pasaremos a los ejercicios que implican movimiento, y por tanto una relajación dinámica con los ojos abiertos, lo que supondrá toda una serie de nuevas y gratificantes experiencias. Los ejercicios con movimiento son inagotables y van desde las acciones más simples hasta la realización con un mínimo de tensión de las acciones cotidianas que nos restan energía a raudales sin apenas percibirlo.

Relajación Progresiva De Jacobson

Cada método tienen sus particularidades, sin embargo algunos se transforman en el método, eso es lo que ocurre con la relajación progresiva de Jacobson y para otros con el Entrenamiento Autógeno de Schultz, ambos conforman dentro del cosmos de la relajación los lugares más conocidos y visitados.

Jacobson fue un genio, no solo elaboró un método original y eficaz sino que demostró la profundo imbricación entre cuerpo y mente probando que el estado del músculo influía incluso sobre la intensidad de la respuesta refleja, demostró que el pensamiento y el estado emocional afectaban al nivel de respuesta muscular probando una relación directa músculo - pensamiento - emociones.

La Relajación progresiva es un método de carácter fisiológico, está orientado hacia el reposo, siendo especialmente útil en los trastornos del sueño por la facilidad con que induce un reposo muscular intenso a través del cual sucede de forma espontánea la inmersión en el sueño.

El entrenamiento en relajación progresiva favorece una relajación profunda sin apenas esfuerzo permitiendo establecer un control voluntario de la tensión distensión que llega más allá del logro de la relajación en un momento dado.

Hay un ser equilibrado y sano en nosotros, la tensión lo oculta, la relajación como técnica descubridora nos lo muestra. Si la tensión es el estado ordinario la distensión es un estado extraordinario en que la conciencia se eleva por encima de la tensión.

Con el método de Jacobson recobramos el control de los músculos voluntarios, control que nunca debimos ceder al inconsciente. Jacobson pone el acento en la sensación, no debemos solo tensar o relajar, sino prestar toda la atención a las sensaciones que se producen. No basta sentir, es necesario discriminar con claridad los diversos estados posibles de tensión y relajación, aún más: pedirse aflojar más y más cuando creo que ha llegado al máximo, un poco más.....y ser capaz de distinguir que algo ocurre. Es preciso pues en primer lugar ser capaz de reconocer la tensión muscular, cosa nada fácil en lugares que apenas siento, y en segundo lugar ser capaz de aflojar hasta ir eliminando toda tensión residual, inútil.

Es un método que favorece un estado corporal más energético pues favorece intensamente el reposo; permite reconocer la unión íntima entre tensión muscular y estado mental tenso, mostrando con claridad como liberar uno implica hacerlo con el otro. Todo el cuerpo percibe una mejoría, una sensación especialmente grata tras el entrenamiento en relajación progresiva y con la práctica la sensación se intensifica. Progresiva significa que se van alcanzando estados de dominio y relajación de forma gradual aunque continua, poco a poco, pero cada vez más intensos, más eficaces. No es un método breve, ni sus efectos lo son tampoco.

Jacobson nos enseña a relajar la musculatura voluntaria como medio para alcanzar un estado profundo de calma interior, que se produce cuando la tensión innecesaria nos abandona. Liberarnos de la tensión física es el paso previo e imprescindible para experimentar la sensación de calma voluntaria. Las zonas en que acumulamos tensión son múltiples, aprender a relajar los distintos grupos musculares que componen nuestro mapa muscular de tensión supone un recorrido por todo nuestro cuerpo, aunque en ocasiones no tengamos información de la tensión que se acumula en estas zonas no deja de ser un ejercicio interesante y sorprendente al mismo tiempo.

El cuello es uno de esos lugares por los que la tensión muscular parece tener una especial predilección, se sobrecarga con mucha facilidad, formando parte de ese triángulo que incluye a los trapecios también, aprender a distender los músculos del cuello supone en si misma una experiencia especialmente gratificante.

La musculatura que mueve los ojos es especialmente difícil de relajar, llegar a conseguirlo supone también la propuesta de los ejercicios de Jacobson, la práctica de este ejercicio es un desafío que nos entrega una recompensa en forma de una calma y reposo profundo difícil de describir, para muchas personas resulta sorprendente comprobar que realmente los ojos pueden reposar tranquilamente en sus órbitas.

Indudablemente con la espalda nos encontramos frente a grandes grupos musculares capaces de acumular tensión, un hipertono en estos grupos afecta a toda nuestra estructura corporal, generando al mismo tiempo un elevado grado de consumo energético; aprender a relajar la musculatura del tronco es sin duda una experiencia que vale la pena experimentar.

Jacobson proponía un sistema muy efectivo aunque muy difícil de utilizar en la práctica por ello muchos de sus seguidores produjeron variaciones muy interesantes de las que hablaremos más adelante, en esencia podemos resumir que su método se basaba en:

1.- Concentración de la atención en un grupo muscular.

2.- Tensión de ese grupo muscular, sin dolor, y mantener la tensión entre 20 y 30 segundos.

3.- Relajación de la musculatura, prestando atención a la sensación que se produce. Por ello tiene un componente muy elevado de propiocepción y por tanto de elevación del control de la zona que tratamos.

Grupos musculares en los que se puede utilizar el método de Jacobson, pues prácticamente todos, aunque hay un orden establecido:

1.- Mano derecha o izquierda, luego proseguiremos con la otra, y así con todos los demás ejercicios.

2.- Antebrazo y brazo derecho, deltoides.

3.- Espalda dona dorsal, zona lumbar.

4.- Cuello.

5.- Rostro. Ojos.

6.- Zona anterior del tronco y abdomen.

7.- Pie derecho.

8.- Pantorrilla derecha.

9.- Muslo derecho.

Es preciso proponerse disfrutar de la fase de relajación muscular, prestar una especial atención a como la relajación se produce, y como junto a ella aparece una disminución de la tensión psíquica.

Una vez finalizados los ejercicios podemos quedarnos unos momentos disfrutando de la sensación de relax que acompaña su práctica, podemos realizar unas respiraciones tranquilas mientras tomamos conciencia de nuestro estado de calma, haciendo consciente el momento de tranquilidad interior, luego abrimos y cerramos las manos con cierta intensidad, realizamos un par de respiraciones más intensas y abrimos los ojos. Dando por finalizado el ejercicio de relajación.

Los ejercicios al igual que sucede con el entrenamiento autógeno de Schultz se recomienda realizarlos sentados, aunque ambos pueden realizarse al principio tumbados teniendo unos efectos muy similares y resultando en muchas ocasiones una postura mejor para principiantes.

Técnica De Wolpe

Postula un programa reducido a seis lecciones en vez del largo programa de ejercicios propuesto por Jacobson, limita la duración de los ejercicios a un período de tiempo entre 15 y 20 minutos, y se capacita al alumno a realizar los ejercicios en casa dos veces al día.

Primera lección:

brazos sugiere la realización de un movimiento de flexión y otro de extensión con el puño cerrado, el instructor dificulta la flexión o la extensión en cada caso obligando a forzar el movimiento y tensar la musculatura, cuando el brazo llega a tocar el brazo del sillón el brazo entero se relaja. Entonces se sugiere que uno vaya más allá de la sensación de relax que percibe en el momento presente y se abandone, se deje ir y relajarse más y más. De igual forma se prosigue con los siguientes ejercicios:

- Segunda lección: Ojos y frente.
- Tercera lección: mandíbulas.
- Cuarta lección: hombros y cuello.
- Quinta lección: Tórax y abdomen.
- Sexta lección: piernas.

El realizar un aprendizaje rápido del método permite identificar aquellas partes que generan una mayor sensación de relajación general e incidir sobre ellas para alcanzar un nivel más intenso y satisfactorio de relajación en menos tiempo.

La Eutonía

La técnica de Gerda Alexander, un trabajo excelente de comprensión del ser humano, mucho más allá de lo que su nombre deja entrever: buen tono, es un método de desarrollo armónico del ser humano basado en las experiencias orgánicas, de una vuelta al cuerpo, que casi siempre se halla lejos de los pensamientos que componen el predominio de nuestra personalidad.

No es como muchos piensan un medio para disminuir el tono muscular, es una técnica para obtener el grado correcto de tensión en cada movimiento ó posición estática, no se trata de dar al cuerpo unas instrucciones acerca de lo correcto y de lo incorrecto, no es una educación de aprendizaje del paso de la oca, es un proceso de descubrimiento interior a través de la autoexploración, no se entregan los movimientos correcto y se imitan, no se priva de la experiencia del cuerpo haciendo mal un movimiento, busca que la persona se impregne de las sensaciones que le producen sus movimientos, de forma que comprendamos que los movimientos valen tanto como las sensaciones que producen, un movimiento que duele está mal realizado, una sensación plácida es el resultado de un movimiento bien hecho.

La genialidad de este método de relajación - stretching - educación del tono - meditación en movimiento, es que no priva al alumno de sus percepciones sino que le insta a mejorar por medio de las sensaciones agradables o desagradables, alimenta al cuerpo con la energía de la sensación y lo dirige a percibir que siento en el presente con el movimiento.

Para mostrar una postura o un movimiento no genera un proceso previo de represión, se toma la postura habitual o la acción muscular ordinaria y se busca una toma de conciencia para tomar cuenta quizás por primera vez en la vida de lo que ocurre en el cuerpo cuando me siento o me levanto del suelo, o de una silla, o cuando camino por la calle, o en el bosque.

No tenemos conciencia de que los músculos son el disco duro de la tensión y que la acumulan constantemente, porque no hay nada que les diga afloja, relájate, funciona dulcemente.

Despertar es en cierta forma percibir como uso mi cuerpo, de que forma a veces lo maltrato sin darme cuenta, la Eutonía es ese darse cuenta de lo que sucede, y acto seguido dirigir la atención a la corrección de aquello que de forma inconsciente produjo fatiga y sufrimiento muscular.

El problema es que mi personalidad parece estar ya inscrita en la estructura muscular, determinadas posturas desencadenan sentimientos, hay quien solo puede dormir si lo hace boca abajo, o quien solo puede hacerlo hacia un lado de la cama, y así ocurre con muchas otras posturas o actitudes, que son en esencia limitantes porque no permiten una mínima libertad corporal, restringen e impiden hacer lo que deseo, es más incomodan de forma que no pueda hacer lo mismo de otra manera.

Percibir un detalle puede permitir liberar completamente la tensión de un grupo muscular en un movimiento determinado, ¿por qué subir los hombros cuando llueve?, ¿es que si subo los hombros no me mojo?, todo el mundo que va a subir a un helicóptero inclina enormemente la cabeza, las hélices no llegan tan bajo, ¿por qué hacerlo entonces así?, en muchas líneas de producción se mejora la altura y la disposición de la cadena, pero no se enseña a los trabajadores a librarse de las tensiones innecesarias.

Los movimientos automáticos, relacionados con las emociones automáticas y con los pensamientos automáticos son cadenas que nos impiden la experiencia de un presente maravilloso si pudiera ser yo liberado de toda la tensión y los miedos inscritos en la tensión muscular, en los hábitos mediocres establecidos antes de que tuviera conciencia de mi.

Con la Eutonía descubrimos como personas ruidosas, que todo lo golpean, que hacen ruido al caminar y en cualquier movimiento, tienen inscritos grados de tensión en su cuerpo que no les permiten desplazarse sin dejar huella sonora por donde van, en la selva ya no existirían, alertarían al depredador y a la presa, ellos son su propia presa y su personal depredador.

No buscamos eliminar la tensión del cuello o de un brazo, todo está relacionado y lo que nos interesa es esa relación, la toma de conciencia ha de ser general, respirar ha de ser un acto total, sin tensiones traumáticas que favorezcan el asma u otras patologías restrictivas, en suma Eutonía es un trabajo corporal en busca de la unidad.

Aprendizaje individual, en grupos.

Al principio es interesante realizar algunas sesiones individuales, con el objetivo de integrarse en un grupo lo antes posible, los grupos se reúnen al menos dos veces por semana y aunque el instructor tenga preparados una serie de trabajos a realizar con los alumnos, se adaptará siempre al momento siendo necesaria una preparación muy elevada para ser capaz de percibir el estado del grupo y la necesidad de trabajo en ese presente único que es la sesión de Eutonía. La duración de los ejercicios estará prevista aunque casi nunca coincidirá con la real, ya que habremos de adaptarnos a cada grupo de trabajo, a cada caso individual. La necesaria flexibilidad convierte el mismo trabajo eutónico en una obra creativa, una forma de arte personal.

Ejercicios:

a.- Cuando se pide a un alumno que modele con arcilla o dibuje su cuerpo ocurre que sorprendentemente dibuja una cabeza, o un cuerpo sin piernas o modela solo un torso, al preguntar porque surgen excusas curiosas, sin embargo esa es su percepción del cuerpo, y pasado un tiempo de trabajo con la Eutonía ya no vuelve a ser una cabeza nunca más.

b.- Tumbado se pide al alumno que sienta el brazo, pero no se le dan orientaciones como en entrenamiento autógeno, en Jacobson o en la sofrología, no se le prepara para......nada, se le deja en libertad para sentir que siente.

c.- Tumbado en el suelo se comienza como en el ejercicio anterior y se le pide que tras tomar conciencia de las sensaciones haga un inventario, de sus sensaciones y posesiones, de su piel, de sus músculos, de sus huesos, de sus articulaciones, y después que una todo esto que lo perciba en su globalidad, fragmentos y unidad, somos todo.

d.- Tomamos conciencia de aquellas áreas que no sentimos y las convertimos en sensitivas al colocar bajo ellas una pelota elástica que permite al desplazar el peso sobre ella retornar una sensación que nos hace integrar esa zona oscura del cuerpo en la totalidad, a veces aparecen sin más otras zonas como si estuvieran interconectadas, de repente se hace la luz sobre ellas, de repente se establece un nuevo equilibrio. Todo tipo de instrumentos sencillo son útiles a este fin.

e.- Contacto. Algo o alguien me puede tocar y sin embargo no hacer contacto, el aire puede tocarme y no hacer contacto, diferentes personas pueden tocarme y hacer o no hacer contacto conmigo. Gerda Alexander diferenciaba claramente este hecho, puedo estar vivo y no hacer contacto con la vida.

El contacto no es pasivo, mi atención en la percepción del tocar genera contacto, la estimulación exterior no lo genera, es preciso que mi conciencia este presente para que el mismo grado de estimulo produzca o no un contacto profundo, el sol me da de todas formas pero puedo contactar con él o no. En cierta forma es un acto autoalusivo, cuantos más niveles están presentes en mí mayor es el contacto.

f.- Movilizaciones pasivas, que permiten una nueva experiencia de mi cuerpo.

g.- Contactos alternos en que se recibe y se da contacto.

h.- Estiramientos globales, analíticos, de la piel, de las articulaciones.

i.- Tensión relajación, de diversos grupos musculares, no en el sentido de Jacobson, ya que no se busca una máxima distensión, lo que se pretende no es una eliminación de la tensión, buscamos un equilibrio corporal de la tensión una capacidad orgánica para tensar y distender libremente, sin sufrimientos innecesarios, un ritmo eutónico en el que el paso de tensión a relajación y viceversa se logre con el mínimo gasto y en las mejores condiciones para la salud del cuerpo en general.

Aprender a repartir los esfuerzos musculares es necesario para mantener una posición y para el movimiento voluntario bien coordinado.

Técnica Mezieres

Identifica el dolor y la tensión crónica muscular como elementos que demuestran un desequilibrio esencial que se produce en nuestro cuerpo: la falta de equilibrio entre la musculatura anterior y posterior del cuerpo humano, producto de un cambio de postura, desde cuadrúpeda a bípeda, nuestro diseño original ha sido cambiado resultado de una evolución muy rápida, somos el único animal que se desplaza moviéndose a dos patas y que permanece erguido sobre ellas. Ello ha permitido entre otras cosas la posibilidad de conciencia, pero hemos tenido que pagar un precio, ningún cuadrúpedo padece de escoliosis o de las múltiples patologías de la espalda que tiende a sufrir el ser humano.

Si bien es cierto que este desequilibrio muscular que sobrecarga la musculatura posterior no parece un pago excesivo, si a cambio obtenemos una buena cerebración y un acceso a la cultura y a las posibilidades del ser humano actual, en realidad es el origen del sufrimiento de muchas personas, a las que vemos caminar por la calle con sus posturas acortadas, como comprimiéndose sobre si mismas, pareciera como si llevaran el peso del mundo sobre sus hombros, peso que los aplasta y los curva, que los deforma físicamente hasta alcanzar su psiquismo más insondable.

La postura afecta a la totalidad del ser, una espalda con curvas acentuadas, implica menos espacio para los pulmones, una respiración deficiente e incompleta, que obligará a aumentar el ritmo respiratorio, lo que influirá sobre al corazón, que comprimido también en una caja torácica disminuida por el aumento de las lordosis, lo cual implica siempre mayor tensión muscular, deberá realizar un esfuerzo extra para vencer la resistencia que ofrecen los músculos hipertónicos al paso del torrente sanguíneo, la tensión arterial aumenta..... lo que de forma indudable afectará a otros órganos y así sumando una serie de efectos sucesivos e inevitables se verá afectada la totalidad del organismo.

Mezieres propone invertir este proceso, si el bloqueo respiratorio, el déficit circulatorio, el exceso de gasto energético están provocados por una disfunción estructural, el retorno a la actitud correcta favorecerá la vuelta al estado de salud deseado.

Dentro del retorno a esa funcionalidad optima Mezieres le da una importancia primordial a la espalda, plantea con acierto que todo lo hacemos con la espalda, caminar, sentarnos, acostarnos, esa espalda sobrecargada de funciones es nuestra energía en la vida, pero esa misma particularidad de participar en cada acto, en cada esfuerzo hace que tienda a aumentar el tono basal de su musculatura, y por ende sufra de acortamientos crónicos.

La solución no sería tan sencilla como estirar la espalda, es necesario comprender que toda la musculatura de la parte posterior del cuerpo forma una estructura funcional unitaria, y que no hablamos solo de mejorar la elasticidad muscular, todo el tejido conectivo limitado por el déficit muscular se ve afectado, las aponeurosis pierden elasticidad y su rico tejido nervioso ve empobrecida su función.

La clave es comprender que vamos a estirar: todo, el quid de la cuestión se halla en la unidad funcional que forma toda la parte posterior del cuerpo, vamos a dotar de elasticidad la musculatura de las piernas, caderas, espalda, cuello y a su fáscias. Al mismo tiempo en cada movimiento atenderemos a que las posturas se hallen equilibradas, a que guardemos una simetría en el trabajo corporal.

Resultado de este trabajo de estiramiento de la musculatura posterior será una relajación intensa y placentera que tiene su origen en ese descanso muscular, aparte de un estiramiento postural o pasivo, hemos de considerar al método Mezieres como un método esencialmente activo, pues en diferentes posturas pide a la musculatura que se halla en extensión una contracción isométrica mantenida, que al aflojar favorecerá un alargamiento aún mayor y una relajación intensa de la musculatura en cuestión.

El trabajo con la respiración es esencial en este método, sin forzarla en modo alguno se pretende no bloquearla en ningún movimiento, no detenerla por efectuar un movimiento o contracción isométrica voluntaria y evitar maniobras como la de vasalba ante esfuerzos limitados. Se procurará alargar la espiración hasta aproximarse al doble de duración de la inspiración.

Es preciso entender que existen muchos hábitos posturales inadecuados que tienen su origen en posiciones antálgicas, pequeños cambios en la postura que establecemos inconscientemente para evitar el dolor, por lo tanto la vuelta a una posición correcta puede instaurar un dolor "solucionado" evitando precisamente la actitud postural adecuada, ello precisará de una atención especial sobre la zona, para liberar la tensión innecesaria y permitir al mismo tiempo una postura correcta y su vivencia sin dolor.

Se busca un retorno a la confianza en el propio cuerpo, entregar al sistema neurovegetativo un cuerpo sano y en condiciones de normalidad funcional, y que la estabilidad sea controlada tras el aprendizaje de forma casi inconsciente, sin apenas gasto de energía, el cuerpo adquiere así todo su valor como medio para vivir y expresarse en la vida de forma positiva.

Son varios los métodos que se han derivado del trabajo de Mezieres, lo que certifica su acierto y su noción de la espalda acortada como eje de un problema estructural, la Reeducación postural global, La Antigimnasia de Terésse Bertherat, incluso el Rolfing, o el Stretching tienen mucho que ver Mezieres.

No se trata con enfermos sino con un ser global, que tiene alguna afectación estructural derivada de su problemática particular, esta tiene su origen en los aconteceres de su vida, corregir la postura, eliminar las compensaciones, mejorar el equilibrio tónico y obtener una relajación voluntaria en un cuerpo más elástico son las promesas que parece cumplir con efectividad la técnica Mezieres.

Relajaciones Meditativas

Hemos de tener en cuenta que la línea que separa la relajación de la meditación es muy estrecha y difuminada, y solo el que realiza el ejercicio llega a saber cuando este pasa de un simple relajar la musculatura a un proceso de integración y de autorrealización personal. Podemos considerar a la meditación como un peldaño más elevado que la relajación pero dentro del mismo ámbito del desarrollo de la conciencia.

Vivimos en una sociedad muy exigente, nos demanda continuamente nuevas formas de adaptación a cambios que se suceden sin cesar, hemos de acelerar a toda prisa para permanecer en el mismo sitio, la continua sobre solicitación a la que se ve sometido nuestro organismo automatiza una respuesta de tensión ante cualquier estímulo externo, de forma que cualquier novedad viene ya interpretada por el filtro de la mente como una amenaza, es preciso actuar frente a este proceso que nos destrozará sin que nos demos cuenta como hace con tantas otras personas cada día.

¿Qué podemos hacer?, si nos damos cuenta que toda nuestra actividad diaria está volcada al exterior, podemos empezar a intentar invertir esa tendencia, si me doy cuenta que al levantarme por la mañana tengo el día lleno de debo hacer esto, debo hacer, debo hacer aquello, sin apenas tiempo para mí, es el momento de plantearse la práctica de ejercicios de relajación o meditativos.

La ventaja esencial de las técnicas meditativas es que enseñan a la mente a hacer una cosa a la vez, la atención se centra y se mantiene a voluntad sobre un pensamiento, emoción u objeto, observando con atención pero sin juicio crítico, de forma desapasionada. Aprendemos con el paso del tiempo a ver y comprender lo que nos sucede sin el filtro de la mente critica, que sin darnos cuenta nos controla siempre actuando antes de que lo percibamos, la meditación, la relajación son en cierta forma medios para parar el mundo.

EJERCICIOS:

1.- Meditación con los sonidos. Tumbado o sentado con los ojos cerrados, presta atención a la respiración durante unos instantes, deja que se produzca una sensación de calma y a partir de ese momento presta atención a los sonidos que se escuchan a tu alrededor, escúchalos todos, en su conjunto, con ecuanimidad, no te dejes atrapar por ninguno de ellos, hay sonidos próximo y distantes, está el sonido de mi respiración.

Puede practicarse en un lugar tranquilo o en un lugar ruidoso, puede practicarse igualmente en cualquier lugar con los ojos abiertos y siendo especialmente consciente de los sonido de alrededor.

2.- Meditación con el pensamiento. Sentado o tumbado tomo conciencia de mi respiración, conforme un estado de tranquilidad me invade presto atención a los pensamientos, no hago más que observarlos, no me identifico con ellos, no los evito, no los juzgo, simplemente observo como en mi mente brotan pensamientos, al igual que con los sonidos no me dejo atrapar por ninguno, me mantengo como un observador imparcial al margen de los mismos, sin identificarme, la mente los crea, la mente los observa. Soy más que mis pensamientos, más que las sensaciones, soy el que observa que es esto que sucede.

3.- Meditación con las emociones. Comienzo con alguno de los ejercicios anteriores, cuando llevo un cierto tiempo con ellos puedo observar la aparición de alguna emoción, puede ser agradable o desagradable, la observo sin identificarme con ella, en vez de evitarla me centro por unos momentos en ella, si es de calma tiendo a identificarme más, me siento satisfecho de mi logro, procuro observar con imparcialidad, está ahí, pero puedo observar sin identificación; si la emoción es ingrata intento huir de ella, eso no es observar, procuro observar sin identificarme. Las emociones negativas y las positivas son fuentes de identificación muy fuertes, y cuando me identifico me transformo en aquello a lo que presto atención, ya no soy Yo, observo y regreso a mí.

4.- Meditación mantra. Un mantra es un método de liberar la mente por medio de la palabra y el sonido, vamos a elegir una palabra que nos sea útil: Om, paz, calma, energía. Sentado y en un lugar tranquilo con el cuerpo ya relajado repito el mantra de mi elección, lo repito con voz tenue, sin forzar las cuerdas vocales, con un ritmo natural, sin forzar la respiración, dejo que la palabra se engarce con la respiración, y dejo que el sonido me llene y me relaje, más y más. Pasados unos minutos paso a repetir el mantra en voz más baja, sin distracción, pasado unos minutos más me lo repito interiormente sin producir sonido alguno y observo lo que sucede con atención. Continuo con el ejercicio entre 10 y 20 minutos, más adelante podré prolongarlo un poco más. Si me distraigo vuelvo de nuevo toda la atención al sonido interior.

5.- Meditación contemplativa. Elijo un objeto pequeño que me agrade y lo coloco frente a mi, me encuentro sentado y con los ojos abiertos, concentro mi atención en el objeto elegido, lo observo como si no lo hubiera visto nunca antes, mi atención se encuentra en el objeto, no me dejo atrapar por sensaciones, pensamientos o emociones que surjan en relación con el objeto o con la misma experiencia de observación, lo contemplo sin identificación y me mantengo atento a lo que observo. Realizo el ejercicio con una duración de entre 10 y 20 minutos, no es preciso sobrepasar esta duración. Aunque puedo finalizar el ejercicio en cualquier momento que perciba que mis ojos están cansados.

6.- Meditación completa. Me encuentro sentado, con los ojos abiertos, veo todo lo que hay frente a mí, en vez de centrar mi atención en un objeto la centro en todo lo que mi vista abarca, es como si tuviera una imagen digital frente a mi y mi mente prestara idéntica atención a cada píxel, no permito que se identifique con ningún objeto ni color particular, observo y veo la imagen completa dedicando igual atención a cada átomo de información visual. No me identifico con nada, observo, observo. Comienzo este ejercicio con una duración de entre 5 y 10 minutos, realizándolo una vez al día.

La práctica de las técnicas meditativas suele ser grata desde el comienzo, sin embargo es cuando se lleva más de un mes con los ejercicios cuando comenzamos a notar que produce efectos de calma sobre los actos de cada día.

La experiencia es personal e intransferible, es recomendable no dedicar tiempo a convencer a nadie para que practique relajación o meditación, el proselitismo no funciona aquí, cuando llega el momento casi sin saber como uno se encuentra aprendiendo este tipo de técnicas y aunque quieras compartirlas de inmediato con los demás, vale la pena al principio resistir la tentación y seguir trabajando, seguir practicando, simplemente.

Stokvis. Regulación Activa Del Tono

Presenta amplias similitudes con el método de relajación autógeno, aunque difiere en su esencia ya que busca sobre todo alcanzar una amplia concentración de la atención sobre una zona limitada del cuerpo, o sobre determinadas funciones del mismo, no se plantea el proceso de generalización de la relajación o de conmutación, mientras que en la técnica de Schultz la conmutación (la generalización de la relajación desde una zona del cuerpo a todo el) es muy importante, Stokvis con su regulación activa del tono busca con la sensación de peso o de calor justamente eso, cuando con la concentración de la atención se percibe el corazón o los latidos, es ese el objetivo.

Ejercicio:

Duración de cada ejercicio: entre 5 y 15 minutos.

Principios: no buscamos una auto hipnosis ni un estado de somnolencia o de perderse en el ejercicio, todo lo contrario buscamos que la concentración y la atención queden firmemente pegadas a partes del cuerpo en las que la tensión se manifiesta especialmente, partes que no sentimos, que parecen estar al margen de nuestra sensación y control voluntarios. Remarcar una vez más que el objetivo será siempre pegar la atención a una zona del cuerpo, grupo muscular, o zona funcional específica, no en lograr nunca un proceso de auto hipnosis. Podemos utilizar al comienzo frases del tipo utilizadas en el entrenamiento autógeno: Estoy tranquilo, completamente tranquilo.

Relajo los músculos del cuerpo, de ambas manos..... antebrazos..... brazos..... pies..... piernas..... muslos..... tronco..... abdomen..... zona pectoral..... cabeza..... ojos..... nariz.....labios..... frente..... cuero cabelludo.....

Mis músculos se relajan y la calma aparece, surge una paz de espíritu, una sensación interior que va más allá de lo puramente muscular.

En estado de relajación me concentro en las zonas en que se acumula tensión y las libero, las presiones desaparecen y me encuentro mejor y mejor. Me encuentro tranquilo y sereno, una sensación de armonía y confianza me invade, me encuentro lleno de energía y vitalidad.

Para finalizar el ejercicio de relajación abro y cierro las manos, tomo aire con mayor intensidad y abro los ojos conservando todos los beneficios que me aporta la presente relajación.

www.ingramcontent.com/pod-product-compliance
Ingram Content Group UK Ltd.
Pitfield, Milton Keynes, MK11 3LW, UK
UKHW050614260726
13967UKWH00008B/2860

9 781847 994882